我的饮食习惯没问题！

•小学生好习惯系列•

我的饮食习惯没问题！

[韩]金恩贞/著 [韩]金恩敬/绘 秦晓静/译

中国出版集团
现代出版社

·作者寄语·

吃，是我们生活中能感受到的最大幸福之一。小朋友们爱吃什么东西呢？我想无非是冰激凌、奶油蛋糕、炸鸡、汉堡等甜的、辣的和味道浓郁的食物。大家喜欢的这些食物中大部分是快餐，也就是可以快速做好的食物。

因为快餐必须同时满足许多人的口味，所以势必添加更甜、更辣、鲜味更浓郁的调味料。这样的食物吃多了会让人变得肥胖，甚至会患上生活习惯病（因不良生活习惯而导致的疾病）。

如果我们的健康受到了坏习惯的侵害，个子就会长不高，体质就会变弱。这样，我们就不能开心地玩耍，并且也无法顺利学习了。因此，养成正确的饮食习惯，健康地成长对大家最为重要。

怎样才能变得健康呢？对，首先大家要好好吃饭，然后努力地运动，有规律地生活。其中，最基本的就是好好吃饭。

那么，现在就跟超级健康博士一道开启一段有趣的饮食习惯之旅吧！

“向有益的习惯出发！”

超级健康博士　金恩貞

目录

第 3 章 我也会变得健康起来

第 4 章 正确饮食才能健康

为什么要好好吃饭

我们的身体每天都需要能量。处于生长发育期的孩子正在长身体，需要的能量比其他阶段要多。大家现在吃的东西决定着长大后的身高和体型，等于是在塑造未来的“我”。为了长大后成为强壮健康的“我”，大家一定要好好吃饭哦。

偏食为什么不好

偏食是一种只爱吃某些食物的不良习惯。偏食的孩子由于营养摄入不均衡，容易导致身材矮小或者肥胖。如果我们的身体免疫力低下，那么会经常感冒，导致身体虚弱，最终耽误了身体的正常生长发育。要知道，营养均衡才能身体棒。

蔬菜真的不好吃吗

首先，我们要丢掉蔬菜不好吃的想法。大家是不是对蔬菜有些成见呢？菜还没做出来呢，小朋友的心里就先有了“不好吃”的看法。无论是哪种食物，请大家丢掉成见，先去品尝。这样，你一定会惊叹于蔬菜的鲜脆口感。让我们就从今天做起，边吃边说“真好吃”吧！

我要养成健康的饮食习惯

健康并不难，只要好好吃饭，适度运动，人人都能拥有。当然，只有努力的人才能获得健康。大家可以把养成健康的饮食习惯当成是一次寻宝旅行，我们可以一边想象健康的自己，一边改掉坏习惯。如果能学会念“我真棒”这句咒语，就能更快找到宝物啦！

第1章

吃，为什么重要

1. 为什么需要一日三餐？

“起床啦，吃早饭了！老公，过来吃饭！”

一天中，我最烦这个时间了。特别是像今天这样，刚刚还做着美梦，现在真不想起来啊。我慢腾腾地翻身趴下，结果屁股朝上，不小心又睡着了。

“吃不吃饭？智媛，你这个当姐姐的要做榜样呀！昌珉，你也赶紧起床！”

“知道了！起来，这就起来。”

我彻底不能再睡了，于是带着浓浓的睡意坐到了餐桌旁，这时爸爸已经开始吃了。

智媛小屋
尹昌珉！

呜呜——一眼看过去，没有我喜欢的菜。一日三餐都要咽下自己不爱吃的东西，简直让人受不了。

“妈妈，早餐就这些吗？火腿呢？”

“别挑三拣四的了，赶紧吃吧！”

妈妈最讨厌我们挑食了。

“哼！天天都吃这几样……”

我真的很讨厌凉拌豆芽、裙带菜扇贝汤和煮西兰花之类的菜，看着它们，连拿勺子的力气都没有了，没有肉的早饭可怎么吃啊……

“让我们吃饭，也得有好吃的呀！”

说着，于是用筷子来回扒拉着饭菜。

“尹昌珉，这样做太没礼貌了！”

哎呀！爸爸正看着呢。我吓了一大跳，赶忙拉出椅子坐下。然后，脸上挂着一副难以下咽的表情，开始吃起来。这时，姐姐才起床，伸着懒腰说：

“妈妈，我不吃早饭了，一会儿去学校直接吃午饭吧。我现在没胃口，时间也来不及了。”

健康博士对你说

大家或许会认为每顿饭都要吃很麻烦。尤其是早晨还没睡醒的时候。这时，也许有人会选择继续睡觉，也许有人只有看到餐桌上有自己爱吃的东西才会吃早饭。

那么，我们可不可以想吃的时候才吃呢？不按时吃饭会出现怎样的后果？

隆冬季节，大家有没有过不吃早饭就去上学的经历？

走在路上时，是不是感觉格外寒冷？那是因为没吃早饭，身体缺少维持体温的热量。即使到了学校也老是会犯困，感觉到头晕、疲劳。这同样是因为大脑摄取不到所需的营养，因此还没从睡眠中清醒过来。也就是说，不按时吃饭会导致身体缺乏活动所需的能量。

好了，我们知道了原因，大家可要记得吃好一日三餐，及时补充能量哦！

美味法则

养成良好的饮食习惯

1 最晚饭前 30 分钟起床

人一睡醒就吃早饭，肯定不会觉得饭菜香。因此，我们应至少在饭前 30 分钟时起床。先做些上学准备或晨读等活动，等大脑完全清醒后再吃饭。

2 将学校食堂的早餐全部吃掉

就算不喜欢，也要把学校食堂的早餐全部吃掉。遇到不爱吃的食物，努力多吃一些。

3 餐间点心要吃得简单

小朋友们经常会在两顿饭间吃一些点心补充一下能量，热量过高的食物，或者吃得太多会对下一顿饭造成影响。可以选择牛奶、水果或奶酪等能够补充人体易缺营养的简单食物。

4 在晚上 7 点前吃晚饭，不暴饮暴食

晚饭吃得太晚或者暴饮暴食，晚上会睡不安稳。尽量在睡前 3 小时之内不吃东西。

色彩各异的健康食物

红色　红苹果、西瓜、西红柿、草莓、辣椒、大枣

番茄红素和花青素成分让它们呈红色，这些食物能够强健心脏，有助于提高记忆力。

橙色 / 黄色　菠萝、橘子、橙子、柿子、黄金奇异果、南瓜、玉米、地瓜

类胡萝卜素和生物类黄酮让它们呈橙色或黄色，这些食物能够增强免疫力，保护视力。

绿色　猕猴桃、甜瓜、青苹果、青葡萄、西兰花、菠菜、黄瓜、青椒、莴苣

芸香苷等成分让它们呈绿色，这些食物含有丰富的叶绿素，具有抗疲劳和强健骨骼的效果。

白色 / 褐色　梨、桃、洋葱、大蒜、蘑菇、土豆、白萝卜

大蒜素和华黄素成分让它们呈白色，有强健心脏和杀毒作用。

紫色 / 蓝色　葡萄、李子、蓝莓、茄子、覆盆子、紫甘蓝

花青素和酚类成分让它们呈紫色，具有提高记忆力和抗炎、杀菌作用。

2. 我只吃想吃的东西！

“妈妈，我从补习班回来了。肚子好饿，快点开饭吧！”

我最喜欢晚饭时间。晚餐多数会有我爱吃的肉菜，

比如烤肉、五花肉和炸猪排等。其中，要数妈妈做的炸猪排最美味。酥脆喷香，味道简直棒极了。只要有炸猪排，其他菜我连动也不会动。

“嗯，差不多了，快去洗手。”

“妈妈，您答应今天做炸猪排的，好了没？我好饿！”

肚子饿起来简直难以忍受。要想多忍耐一阵，得先吃点儿什么垫一垫才行。对了！家里有冰激凌。

“昌珉，别忘了洗手。”

妈妈话音未落，我就跑进了卫生间。洗手还不简单，打开水龙头，手伸到水里冲一冲，大功告成！

“洗干净了吗？”

“当然，干干净净的。可以吃冰激凌了吧？”

妈妈正忙着把饭菜端上桌。苹果汁沙拉、凉拌菠菜、泡菜……怎么回事？炸猪排呢？

“妈妈，炸猪排呢？”

“在这儿呢，一周做好几次，你都吃不够吗？”

“是啊！好吃着呢。”

“今天，爸爸会晚些回来，咱们先吃。帮忙叫姐姐来吃饭，好不好？”

啊呜啊呜，我嘴里早已塞满了炸猪排。

“好的。”

“姐姐，吃饭了。”

姐姐从房间走出来，看着我说道：

“你又吃肉？哎呀，小矮胖墩儿，整天就知道吃肉！”

“姐姐，你怎么老是揭别人的短呢！”

不管怎么说，炸猪排都是我的最爱。

健康博士对你说

也许有些人认为即使只吃自己想吃的食物也不会有任何问题。然而，很多人都清楚知道这么做是不可取的。你知道为什么吗？我就来给小朋友们仔细解释一下。

虽然无法直接感受得到，其实我们的身体每天都有新变化：个子每天都在长高，头发和指甲也在长长。与此相比，身体里看不见的变化更多一些。

支撑身体的骨骼、使出力气的肌肉和流遍全身的血液等，缺了哪一样人体都不能正常运转。只有它们相互辅助，完美协作，人才能健健康康的。

生成骨骼、肌肉和血液的成分全都不一样。肌肉和脏器所需要的能源由蛋白质和脂肪生成，血液需要铁元素，聪明的大脑则离不开葡萄糖。

有了这些各不相同的能源，我们的身体才能健康起来。这一点对于正处于生长发育期的孩子们来说尤为重要。

美味法则

有助均衡饮食的食物金字塔

5 层　油脂和糖类

产生力量，维持体温。吃多了会导致肥胖和龋齿！

4 层　牛奶和乳制品

强壮骨骼和牙齿，帮助成长。吃少了会导致骨骼变弱，生长迟缓！

3 层　肉、鱼、鸡蛋、豆类

生成血液和肌肉，帮助脑部发育。吃少了会使人无法长时间学习和运动！

2 层　蔬菜和水果

调节人体机能。吃少了容易疲劳无力！

1 层　谷类和面粉

产生人体所需的力量。吃多了会发胖！

Tip

烹调饭菜时人们会放一些油，因此，无须另外摄取过多油脂。

我今天吃了什么

★ 按照食物金字塔的分类，把今天吃的东西填入图中，看一看自己的饮食是否均衡。

3. 什么是消化？

“喂！尹昌珉，别人都不吃呀？吃慢点儿。”

不知道姐姐为什么那么刻薄，跟我一样使劲儿吃不就得了，成天拿别人吃饭的事儿说三道四。就算这样，我也喜欢和她一起吃饭。因为姐姐不怎么爱吃肉。要想连她那份儿也吃掉，还是安静点儿为妙。

“知道了，知道了！”

“妈妈，咱们吃肉太频繁了吧？我觉得其实肉的味道一般般。”

说实话，我一直搞不明白她为什么对香喷喷的肉不感兴

草莓酱

趣呢？

“姐姐，你就那么不爱吃肉啊？”

“嗯，肉是有些香，可是得嚼老半天。既费时，又不是特别好吃。”

“那你爱吃啥？”

“我特别喜欢吃面包，再抹上甜甜的草莓酱和雪白的鲜奶油。我还喜欢爽脆的卷心菜沙拉。”

“嘿，蔬菜有什么好吃的，果酱倒还不错……”

“你这种傻乎乎的毛头小子懂什么？淑女才不会这么嘎吱嘎吱地嚼东西呢。”

“我替你吃了啊，行吗？”

“吃吧。”

我要赶在姐姐改变主意前全部吃光光，不由得加快了咀嚼的速度。我对别的菜视而不见，一心只吃炸猪排。终——于！盘子见底了。

健康博士对你说

制造人体所需能量的过程中，

起最大作用的是碳水化合物。

碳水化合物的最小单位——葡萄糖可以成为能源。碳水化合物团——米饭变成葡萄糖的过程叫作消化。所以，如果消化不良的话，各种营养物质也就无法正常转化。

吃好固然重要，更重要的是消化好。吃到嘴里的食物被上下牙齿嚼碎后咽到胃里，消化大幕正式拉开。

食物在胃里被加工得像粥一样软烂后会进入小肠，小肠负责吸收营养成分。剩余的残渣经过大肠到达肛门，最后排出体外，这就是大便。

Tip

消化过程 嘴 →（2秒）食道 →（10秒）胃 →（3小时）小肠 →（5小时）大肠 →（12小时）肛门

美味法则

食物怎样被消化

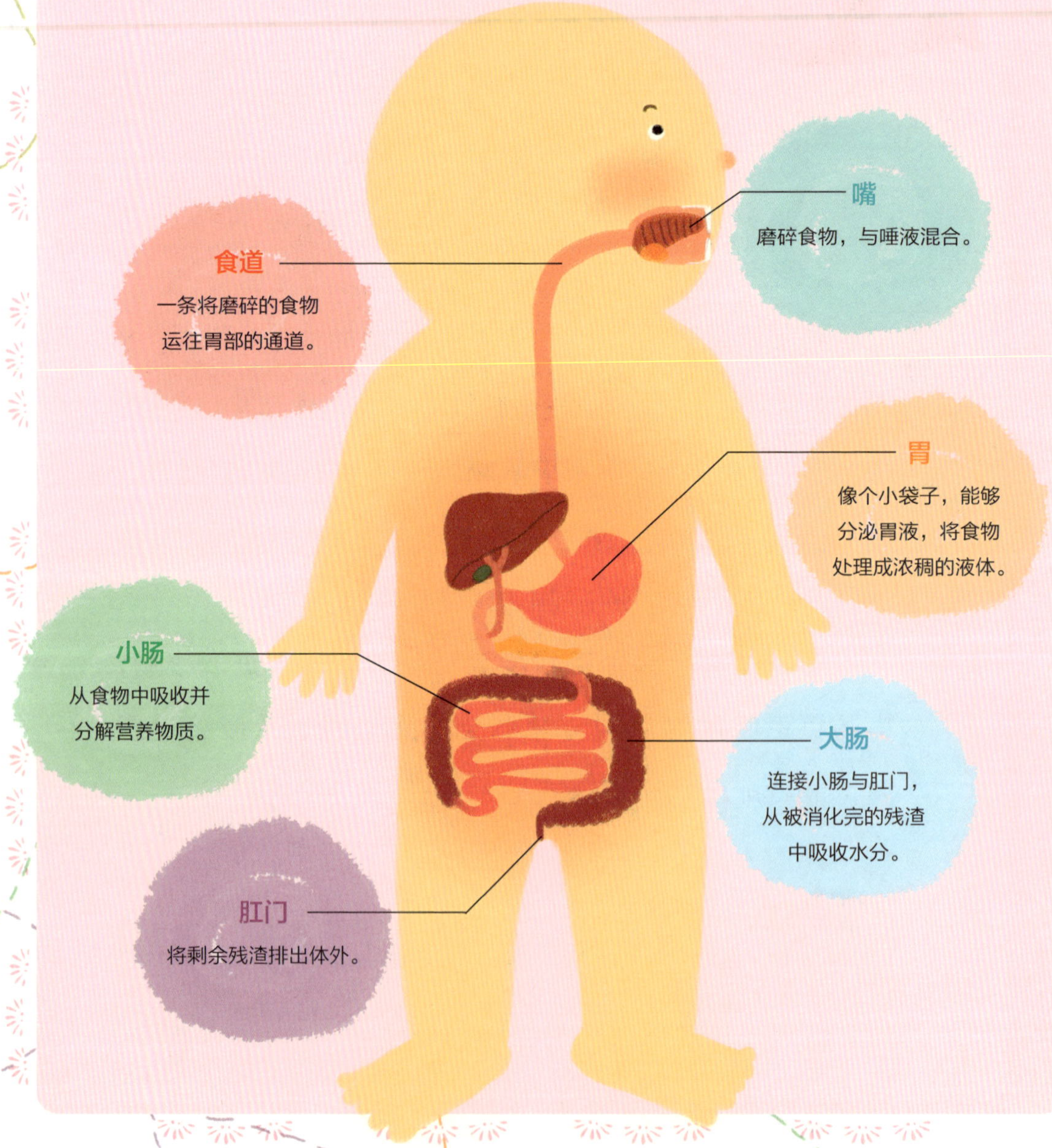

怎样做才能消化得好

在愉快的气氛下用餐

压力会给消化带来不良影响，要尽量在愉快的氛围里用餐。

充分咀嚼

消化始于咀嚼，长时间的充分咀嚼有助于消化的顺利进行。

养成有规律的饮食习惯

饮食不规律，经常挨饿或吃撑将打破人体平衡状态，导致无法正常消化。要想消化好，必须养成有规律的饮食习惯。

做些轻微的运动

适当的运动可以提升胃动力，增加能量消耗，从而帮助消化。但是，饭后马上运动反而会对消化造成影响。

薯片
果汁
圆溜溜 甜甜圈
超
感
动

4. 身体怎么感觉这么沉？

有件事情很奇怪——就算晚饭吃饱了，一看电视嘴巴就馋得很。妈妈特别反感我边看电视边吃点心，可是，看着动画片吃着点心那才真叫一个香。

看见妈妈走进房间之后，我利索地吃掉了一袋薯片和两个甜甜圈，再来一瓶饮料爽爽口。最后，把零食袋丢进垃圾桶，现场清理得不留一丝痕迹……

“昌珉，吃不吃水果？”

“好啊！”

妈妈绝不会知道我已经消灭了一袋薯片、两个甜甜圈和一瓶饮料。

“姐姐，吃水果了。”

“不吃，已经8点了。你还吃啊？”

不吃算了，真搞不懂姐姐为什么对吃有这么多不满。

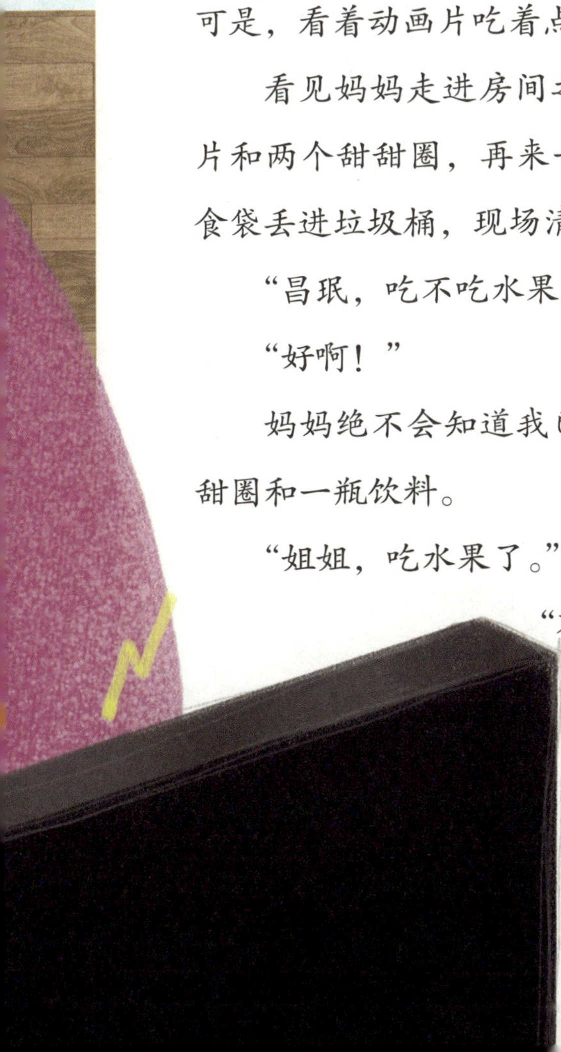

“叮咚。”爸爸回来了，手里还拎着一袋烤鸡。

“这么晚了，买什么烤鸡呀？”

“家门口一对老夫妇卖的，看起来味道不错，带一只给孩子们尝尝……”

“爸爸最棒了！”

我都开始流口水了，爸爸买的是电烤鸡，不油腻，肯定更美味。

“太晚了，只能吃一点儿啊。”

妈妈说完，我听话地点点头，手里却忙个不停。吃完两只鸡腿外加两块厚厚的鸡胸肉，我才心满意足地站起身来。

“吃饱了！爸爸妈妈晚安。”

洗漱完毕躺在床上，可肚子却撑得难受，怎么都睡不着。看了会儿书，又下床走了一阵子才勉强舒服些。

“昌珉，起床了！”

今天又睡了个懒觉，身体怎么感觉这么沉？

健康博士对你说

昌珉为什么早上起不来？是因为他没有睡熟。要想放松疲惫的身体，补充能量，就不能忽视睡眠。要知道，睡眠和饮食同样重要。

吃得饱饱的马上就睡觉，由于食物都还在胃里没有消化，这会让我们睡不安稳。

如果晚餐吃得很晚，食物得不到充分消化，连一日三餐的重头戏——早餐也要被影响。结果会导致身体缺乏能量，无法顺利活动。

最好养成晚餐在入睡 3 小时前吃完，每天最晚 10 点睡觉的生活习惯。

Tip

为什么要 10 点睡觉？ 成长激素会在大家熟睡时分泌，其中晚上 11 点到凌晨 1 点之间的分泌最为旺盛。所以，最晚 10 点睡觉才能使我们的个子长得高。

美味法则

预防饮食过量的方法

1 写饮食日记，记录当天饮食量

如果觉得自己吃得不多也长胖，可以用饮食日记记下当天的饮食量。重要的一点是，三餐、零食和点心都要写得清清楚楚。

2 花 10 分钟做其他的事

如果睡前或者看电视的时候想吃零食，不妨花 10 分钟做些别的事转移一下注意力。

3 弄清原因后寻找对策

弄清自己吃零食的原因。如果是因为家里总是备有许多点心、饮料和冰激凌等零食，那么，以后就尽量不买。

画出均衡饮食的健康餐盘

★ 把今天吃的食物分为谷类、肉类（海鲜类）、蔬菜和水果四大类填入图中，并根据饮食量确定每栏大小。如果偏食严重，就要努力改正，做到均衡饮食。

5. 我得了便秘吗？

课间铃声响了。也许是因为昨天怎么也没能拉出大便的原因，今天肚子里一直不舒服。于是我抱着试试看的想法，赶忙跑到卫生间。可是，直到上课铃响起，也没能拉出来。

“唉，有没有什么好办法？”

“尹昌珉，你表情怎么跟想拉大便的小狗一样？”

哎呀！他是怎么知道的？好友延友的话让我倒吸一口凉气。难道是刚才偷偷放的屁太臭了？

“嗯，不是的！你说谁是小狗？”

“哈哈，对不起啊。我看你总是捂着肚子。”

关系再好也不能随心所欲地胡说呀，我也有自尊

心的！啊，对了。妈妈曾经给我吃过一种药，吃完后排便就顺畅了。尽管有些难受……下个课间休息我得去趟医务室。

课间铃声一响，我就朝医务室飞奔而去。

咚咚！

“请进。”

“老师，您好。”

“你好啊，哪里不舒服？”

真见到保健老师，我反而张不开口了。

“我……那个……肚子有些疼。”

“肚子疼？我帮你看看哪里疼。”

老师用手在我肚子上轻轻地按了几个地方，微笑着说：

“你是几年级几班的？”

“三年级（3）班，我叫尹昌珉。”

“昌珉，能不能告诉老师昨天吃了什么？”

“中午吃了炸猪排，晚饭吃了烤鱼。啊，对了，吃过晚饭又吃了爸爸买回来的烤鸡。”

“这样啊！老师觉得你不是病了，而是便秘，你说对吗？”

哦，老师又是怎么知道的……我顿时羞得脸通红。

健康博士对你说

昌珉为什么排便不顺畅？是因为他体内缺少膳食纤维。因为蔬菜里丰富的膳食纤维不易被消化，所以到达肠道后能够帮助细菌活动，使大便变柔软。因而，稍稍用力就能排出便来。

多吃肉或只吃肉将导致体内水分和膳食纤维不足，消化后剩余的残渣干硬。因此就算再用力，大便也不容易被排出。

如果不想跟昌珉一样患上便秘，大家就得多吃各种蔬菜、水果等膳食纤维丰富的食物。泡菜和酱类等发酵食物也要样样都吃，让身体里的乳酸菌活跃起来。

Tip

人为什么会放屁？ 屁有臭味是因为里面有脂肪酸和硫黄气体。脂肪和蛋白质在肠道分解时会生成脂肪酸和硫黄气体。肉吃的越多，屁就越难闻。饮食过量和便秘也会使放出的屁变得更臭。

美味法则

我的大便是什么形状的

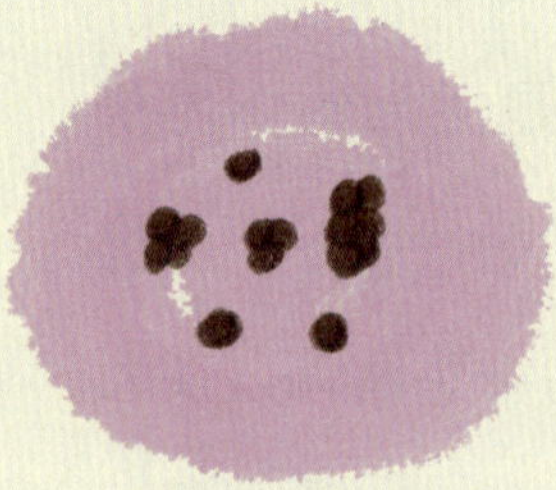

患便秘后排出的大便又干又硬。经常不吃饭会得便秘，但多数人是由于喝水少，或者不吃富含纤维素的蔬菜的原因。

饮食均衡，消化良好的人能排出香蕉便。

吃到变质或被污染的食物后会排出这种稀软的大便。平时勤洗手，多注意个人卫生可以有效预防病菌侵入。

★ 营养学家指出，要多吃纤维素丰富的食物，使大便能浮在水上。大家可以对自己的排便情况进行观察。

我的大便是什么形状的

日期	吃的东西	大便形状（图画）	观察

第2章

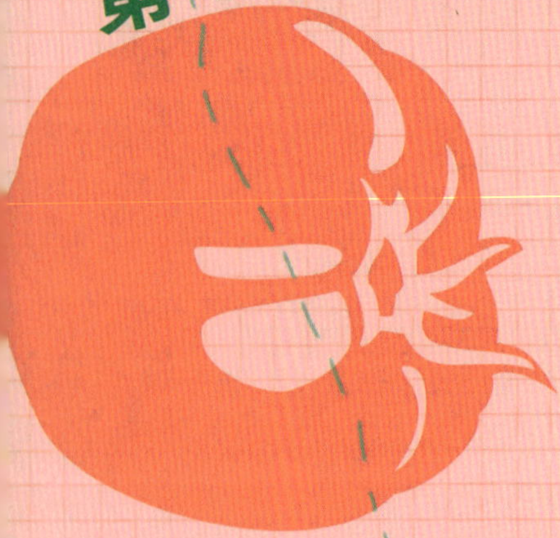

吃哪些食物

1. 特别讨厌吃泡菜！

要想身体健康又不得便秘，必须多吃泡菜。老师的话总是在耳畔响起，就像妈妈每天不厌其烦的唠叨。啊，我就是不爱吃……可又一直便秘，这更加让我心烦。

“昌珉，你去哪儿了？”

延友捅了捅我的腰问道：

“嗯？医务室……”

“医务室？你生病了吗？”

“不，没生病……”

算了，管它呢。我又没做错事，朋友之间哪来的什么秘密？我决定告诉他实情。

“其实，我都三天没拉大便了。想拉却怎么使劲儿都拉不出来。”

饮食日记
非常重要!

“老师怎么说的？”

“她说与其吃药还不如把饮食习惯改一改。”

“是吗？昌珉，过会儿来我家一趟吧？”

“你家？为什么？”

“来了就明白了。”

放学后，我和妈妈说了一声就去了延友家。一进屋，他就递给我一个笔记本。

“这是什么？”

“饮食日记呀。”

“饮食日记？什么意思？”

“这是我去年写的。说实话，直到去年之前我都还是个偏食大王呢。我也和你一样因为便秘去过医院。当时，护士姐姐送给我这个笔记本，让我写一写饮食日记。写了之后就能知道自己为什么得便秘了。”

日记都懒得动笔，还写什么饮食日记？我不情愿地接过来，塞进书包里。

“嗯。谢谢了。”

健康博士对你说

多数孩子不爱吃泡菜，也不爱吃蔬菜。妈妈追着喂，孩子硬是不吃。餐桌也因此变成了他们之间硝烟弥漫的战场。

泡菜和大家喜欢的比萨、汉堡的口味完全不同。特别是泡菜还有辣味，就更不受欢迎了。那么，妈妈和保健老师为什么还要嘱咐昌珉多吃泡菜呢？原因有以下三个。

❶ 泡菜富含维生素

泡菜是由白菜、萝卜、葱、大蒜、辣椒和姜等多种材料做成的。从很久以前开始，韩国人冬天要腌过冬泡菜。这样，即使到了隆冬季节也能保证维生素 A、维生素 B、维生素 C 等多种营养素的供应。

❷ 泡菜有助于肠道运动

泡菜含有丰富的膳食纤维，可以促进肠道蠕动，降低体内糖分和胆固醇含量，减少便秘。

③ 泡菜可以促进新陈代谢

辣椒面含有一种叫作辣椒素的成分。辣椒素助消化，还含有大量维生素 A 和维生素 C。大蒜含有大蒜素，有助于维生素 B_2 的吸收。

现在，大家知道为什么要多吃泡菜了吧？我们应该先无条件打消“泡菜又辣又不好吃”的念头，然后一点点进行尝试，努力让自己熟悉泡菜的味道。这种做法比较可行，你们觉得呢？

Tip

好吃的泡菜比萨

材料 火腿、泡菜、洋葱、番茄酱、玉米、玉米圆饼、比萨奶酪、盐、胡椒

1. 将火腿、泡菜和洋葱切碎。
2. 翻炒切碎的洋葱和泡菜，加入番茄酱后继续翻炒 3 分钟左右。
3. 炒制好的材料中加入玉米和少许水，煮至黏稠后加盐和胡椒调味。
4. 玉米圆饼上涂抹泡菜酱汁，再放上火腿和比萨奶酪。
5. 放入微波炉烤制 10 分钟左右，使比萨奶酪充分融化。

挑战！吃菜香香任务

1 肉和菜一起吃

要是因为爱吃肉就只吃肉，很容易因为膳食纤维不足而患上便秘。选择蔬菜包肉，或者和沙拉等一起吃，会比只吃肉更有饱腹感。

2 每次吃饭时，各种菜都往个人餐盘里夹一些

准备一个个人餐盘，养成餐桌上的每种菜都盛一些并全部吃掉的习惯。这样，自己不爱吃的蔬菜也会被夹进餐盘，可以防止偏食。

3 用花盆种菜

在家中庭院里开辟一块小菜园，或者用花盆播撒菜种。每天浇水，并观察其生长。由于是自己亲手种植出来的，能使自己大大减少对蔬菜的反感。

2. 我只想吃炸鸡和比萨！

今天是星期天，这一天，妈妈不会大清早就叫醒大家。因为辛苦了一周，她也要舒舒服服地睡个懒觉。

我？我当然也不例外喽。前一晚电脑游戏玩到凌晨，现在眼睛根本睁不开。可是，无奈肚子太饿又睡不着。

过了一会儿，姐姐和妈妈在餐桌旁吃起了烤面包片。哈，这种美事怎么缺得了我。

“姐姐，我也要吃。”

“昌珉，喝不喝牛奶？这儿有沙拉，一起吃啊。”

妈妈往我盘子里盛了些沙拉。金黄喷香的烤面包片，加上果酱和奶酪，还有烤培根，好吃极了！

“尹昌珉，别忘了吃妈妈给你盛的蔬菜。”

“知道了！”

连姐姐都开始唠叨了……

姐姐走后，我又吃了三块三明治、一个甜甜圈和一杯牛奶才结束早餐。妈妈在一旁眼睛笑得眯成了一条缝。

吃过饭，我们跟妈妈出去买东西，我最爱和妈妈去逛超市。因为一来可以试吃；二来悄悄往购物车里放一两样自己喜欢吃的东西，妈妈也不会说什么。

急急忙忙赶回家，还是误了饭点儿。今天中午，我们决定叫比萨外卖。妈妈虽说还是想吃米饭，但是见我肚子饿得受不了，也只好同意了。

四块比萨下肚，我总算吃饱了。要是在平时，我得吃上六块才会罢手，谁让我得了便秘呢……所以只能吃四块就草草收场。话说回来，晚饭吃点什么？如果妈妈叫炸鸡外卖就好了！但这可能性为零。啊，好想吃炸鸡！

健康博士对你说

大多数孩子都喜欢脂肪多、热量高的食物。其中，最具代表性的有方便面、炸鸡、比萨和汉堡等快餐（方便食品）。

这些食物大多味道鲜美，盐分含量高。虽然含有大量动物性蛋白质和脂肪，但缺乏维生素和矿物质等营养素。经常吃这类食物将破坏人体平衡，使人免疫力下降，容易生病。

并且，快餐等热量和脂肪含量高的食物容易使人体重增加，引发肥胖。与过去相比，人们在家和在补习班等室内活动的时间增多，而消耗能量的运动不足，这种情况更加令人担忧。

美味法则

快餐，怎么吃才正确

1 必须吃早饭

人不吃早饭就会因为饥饿去吃快餐、点心之类的东西，给午饭造成影响。所以，我们每天必须吃早饭。

2 调整吃快餐的次数

如果想吃什么却强忍着不吃，这样一来，一旦吃起来就容易过量。不妨每周定期吃上一次。

3 和沙拉等蔬菜一起吃

把搭配主菜的碳酸饮料、薯条等换成果汁、水和蔬菜。在解决营养不足的同时，还能减少卡路里的摄入量。

4 饭后做运动

多数快餐存在热量高的问题，餐后做运动可以消耗掉过多摄入的热量，并且轻微的运动还能帮助消化。

找一找下面哪些是快餐或速食食品

炸鸡腿

鸡蛋

汉堡　比萨

方便面

热狗

黄瓜　胡萝卜

凉拌蔬菜

金枪鱼罐头

速食咖喱

红烧鱼

答案 炸鸡腿、汉堡、比萨、方便面、热狗、金枪鱼罐头、速食咖喱

NEW
三鲜饺子
我是
甜甜的
食品添加

3. 食品添加剂是什么？

买回来的东西摆了满满一桌，妈妈究竟在干什么？肯定是发现了我偷偷放进去的比萨。尽管我并不认为妈妈会为此生气，可她的态度有些不对劲。以往都是直接放冰箱里的，今天是怎么回事呢？

我坐在书桌旁假装学习，心思却全在妈妈身上。妈妈果然叫我了……

“昌珉，能过来一下吗？”

嗯，语气比想象中的要柔和。这种时候我最好快点儿过去。

“好的，妈妈。什么事？”

妈妈面前放着我刚才选的比萨和方便面。原以为没买几个，可是把冷冻饺子、冷冻比萨和其他方便食品一字排开，的确不少。

“昌珉，这些全是你选的？”

“是，不过没想到竟然这么多。我只拿了几样简单的……”

我还以为妈妈要大声训斥，吓得缩起了肩膀。没想到她却盯着我看了一会儿说：

“好，我明白了。可是，你知不知道速食食物吃多了会怎么样？”

“嗯，知道，会长胖。我会少吃点儿的……”

“长胖是肯定的，还有更糟糕的呢！”

“嗯？比长胖更糟糕？那是什么？”

“速食食物里有很多食品添加剂。”

“食品添加剂？”

“是啊，妈妈不喜欢去外面的饭店吃饭也是因为这个原因。这些食物我不会一点儿都不让你吃的，但是吃的时候一定要告诉妈妈。”

“好的，妈妈。下次我会先问问您的。”

健康博士对你说

过去，人们吃的都是自然生长的食材。而如今，人们更多的是买现成加工好的食物吃，因此也就开始出现各种各样的疾病。

完全不吃加工好的食品也不现实，但是有一样东西我们必须了解，那就是食品添加剂。

加工类食品中，在大家爱吃的一小块点心里就有几种，甚至几十种食品添加剂。多数食品添加剂是人工合成的，经常吃会引发各种身体异常反应，对处于生长发育期的孩子来说，造成的影响将更加严重。

人工合成物会损伤人体的免疫细胞，使人经常感冒，还会进入血液直接破坏人体细胞。虽然多数食品添加剂得到了国家批准，可以食用，但是这些物质堆积在体内并没有好处。

如果能做到一点都不沾固然好，但却绝非易事。所以，大家还是尽量选择添加剂少或用天然食材做成的食物。

食品添加剂的种类和用途

防腐剂　抑制或者防止细菌生长

种类　山梨酸钾、苯甲酸钠、水杨酸、脱氢醋酸钠等

产品　奶酪、巧克力、饮料、腌萝卜、番茄酱、发酵乳、火腿

甜味剂　产生甜味

种类　阿斯巴甜、环己基氨基磺酸钠、糖精等

产品　冰激凌、酱油、糕点、汽水

着色剂　产生各种颜色

种类　食用色素

产品　奶油、汽水、冰激凌、点心、糖果、香肠、罐头

膨松剂　用于制作松软的面包和点心

种类　明矾、D-酒石酸等

产品　面包、饼干、巧克力

此外，还有抑制氧化的抗氧化剂、让颜色变白的漂白剂、杀灭细菌的杀菌剂和增强气味的香辛料等。

选择健康食材

1 选择当季农产品

为了能长时间地保存农产品，人们会对其进行加工处理。各加工环节不仅会使营养素流失，还会加入多种食品添加剂。因此，最好选择未加工的当季水果和蔬菜。

2 确认是否有添加剂和有无环保标签

买东西时要看清其中的食品添加剂配料表，购买当季农产品时则要确认有没有环保标签。

3 尽量不吃速食食品和快餐

尽量回家吃妈妈精心准备的饭菜，不要选择简单果腹的速食食品和快餐。

Tip

去除食品添加剂的方法

1. 火腿、香肠、蟹肉棒　在热水中浸泡2分钟左右。
2. 方便面　用沸水煮一遍捞出，换水煮熟。
3. 面包　用微波炉加热10秒左右。
4. 进口水果　用蔬果清洗剂清洗干净。

4. 什么是当季食物?

“什么？您在汽车站？怎么不提前通知我们呢，我现在就去接您。什么……您要自己过来吗？那好吧，我去公交车站等您。”

妈妈挂上电话就开始叫姐姐和我。

“智媛，昌珉，爷爷奶奶来了！赶快整理下房间，帮帮妈妈，好不好？”

可我正玩电脑游戏呢，只随口答应了一声。

“奶奶来了？好的——”

答应归答应，屁股却没挪窝儿。妈妈又是收拾，又是打扫，忙得不可开交。

“尹昌珉，听见没有？你姐姐呢？”

“不知道。”

妈妈见我回话时眼睛都没离开过电脑屏幕，终于开始大发雷霆。

“尹昌珉！再不停下，妈妈要关电脑了！”

“听见了，妈妈成天就知道发火儿。”

爷爷奶奶好不容易来一趟，爸爸也早早下班回了家。今天晚饭的食材都是爷爷奶奶亲手种的。南瓜叶饭团、蛤蜊大酱汤、凉拌茄子和凉拌地瓜藤，当季食物摆了满满一桌子。

“真是久违的新鲜味道啊！谢谢爸爸妈妈给我们带来这么丰盛的晚餐。”

这只是爸爸的个人想法而已，我哪样都不想吃……

“昌珉，快吃饭呀，你怎么了？”爷爷问道。

“爷爷，您不用管他。还不是因为这儿没有一样菜是他感兴趣的。”

旁边的姐姐可恶地多嘴说道。

“不吃了，我不饿。”

爷爷看着我咂了咂舌头，说：

“真是的，这就饱了？放着好东西不吃。”

爸爸和妈妈的脸都红了。

健康博士对你说

一年四季，每个季节生长的植物都不相同。

用各季节自然成熟的蔬果为食材做成的食物叫作当季食物。

表面看起来，温室里长出来的南瓜和当季自然成熟的南瓜毫无差别。为什么非得说当季食物对身体更好呢？

那是因为当季蔬果接受阳光风雨的洗礼，在完全适合自己的自然环境下生长。我们的身体情况会随季节更替发生变化，当季食物则能提供人体必需的营养成分。

温暖的春天，地里长出蛋白质、钙、铁和维生素 A 等含量丰富的荠菜；炎热的夏天，有水分充足的西瓜为人们解暑。可以说，我们时刻受到自然的滋养。

韩国每个月的当季食品

1

- 蔬　菜：牛蒡、沙参、胡萝卜
- 海产品：牡蛎、明太鱼、鲷鱼
- 水　果：橙子、柑橘

2

- 蔬　菜：茼蒿、菠菜、白菜、芜菁、洋葱、野蒜
- 海产品：海带、牡蛎、鲍鱼、斑鳐
- 水　果：橘子、柠檬

3

- 蔬　菜：白菜、艾蒿、荠菜、野蒜、蕨菜
- 海产品：裙带菜、牡蛎、蛤仔、文蛤、青蛤、血贝
- 水　果：草莓、金橘

4

- 蔬　菜：莴苣、竹笋、艾蒿、生菜
- 海产品：黄花鱼、鲳鱼、带鱼、鲐鱼、梭子蟹、墨斗鱼
- 水　果：草莓

5

- 蔬　菜：洋葱、生菜、地瓜秧、豌豆、芹菜、卷心菜、大蒜
- 海产品：鲐鱼、鳐鱼、鱿鱼、白虾、凤尾鱼
- 水　果：草莓、樱桃

6

- 蔬　菜：黄瓜、韭菜、土豆
- 海产品：鲍鱼、鲳鱼、鲥鱼、鲅鱼、鱿鱼
- 水　果：西红柿、甜瓜、梅子

7

- 蔬　菜：韭菜、莴苣、茄子、甜椒、西葫芦、小萝卜
- 海产品：鳗鱼、鳐鱼、鲈鱼、墨鱼、鲳鱼
- 水　果：西瓜、李子、甜瓜

8

- 蔬　菜：黄瓜、青辣椒、土豆、玉米、地瓜
- 海产品：鲍鱼、海胆、鳗鱼
- 水　果：桃、葡萄、西瓜、甜瓜

9

- 蔬　菜：地瓜、芋头、平菇、胡萝卜、毛豆、红辣椒、土豆
- 海产品：海蜇
- 水　果：梨、葡萄、石榴、无花果

10

- 蔬　菜：辣椒、松口蘑、平菇、赤豆
- 海产品：秋刀鱼、鲐鱼、青鱼、带鱼、大马哈鱼、对虾
- 水　果：苹果、柿子、栗子、大枣

11

- 蔬　菜：西兰花、萝卜、大葱、白菜、莲藕、胡萝卜、牛蒡
- 海产品：方头鱼、真鲷、鳕鱼
- 水　果：梨、苹果、猕猴桃

12

- 蔬　菜：山药、花椰菜
- 海产品：螃蟹、章鱼、鲽鱼、乌贼、裙带菜、紫菜
- 水　果：橘子、柚子

我家吃了哪些当季食物

早饭

吃过的食物 | 当季食物

午饭

吃过的食物 | 当季食物

点心

吃过的食物 | 当季食物

晚饭

吃过的食物 | 当季食物

妈妈！

5. 不喜欢健康食谱！

整整两天了，餐桌上顿顿是“青草”。又不敢叫外卖送我最爱的炸鸡和比萨来，万一被爷爷抓住就惨了，肯定要被他狠狠地批评。妈妈见我正嘟囔着，说：

“你这几天按时吃饭，不碰零食，好像都瘦了些，还发什么牢骚呀？昌珉，光吃炸鸡和比萨，你就该胖得更厉害了。”

妈妈的唠叨让人心烦，还是回房间看漫画书去吧。等等，肚子里突然有信号传来……一想到前天晚上就没拉出大便，我小跑着进了卫生间。“这次一定要成功！”啊，今天是怎么了。没费劲儿就拉出来了。

“哈哈，太棒了。妈妈——妈妈——我拉出来了。真的是长长的香蕉便！”

“是吗？太好了。妈妈正想着要不要带你去医院看看呢。真棒，爷爷的食谱起作用了吧！”

“爷爷的食谱？什么意思？”

“咱们这几天的食谱啊。大量减少肉菜，增加各种蔬菜。好食谱终于让你拉出了健康的香蕉便。”

肚子舒服了，心情也变得美好起来。我跑到廊檐下给奶奶揉肩膀，陪她聊天。这时，却发现奶奶手上有个大伤疤。

“嗯？奶奶，您的手怎么了？”

“这个嘛，已经没事了。上次急着挖沙参寄给你们，不小心割破的。现在都好了。”

我大吃一惊。回想起自己还曾经气鼓鼓地向妈妈抱怨爷爷奶奶为什么要寄那些东西来。

“奶奶，很疼吧？”

“没事，都好了。妈妈说你们也爱吃，奶奶开心得不得了，当季沙参对身体很好呢。”

我惭愧得抬不起头来。奶奶把辛辛苦苦种的东西寄过来，我还嫌不好吃……

“啊，奶奶，对不起。”

健康博士对你说

昌珉终于痛痛快快地拉出了长长的香蕉便。功劳要归爷爷奶奶的健康食谱。

人生在世，最重要的事莫过于吃好，睡好。因为吃好了能让人身体健康，摆脱病痛。多吃蔬菜可以中和体内重金属成分，还可以提高免疫力，预防感冒。杂谷饭富含纤维素，不仅能预防便秘，由于需要仔细咀嚼，还可以防止过食，预防肥胖的发生。

制定健康食谱时，我们需要减少和增加哪些食物呢？首先，要减少含糖、盐、油脂高的损害健康的速食食物。

其次，要多吃豆类、海带和紫菜等海藻类、粗纤维类、鱼类、发酵食品类等对健康有利的食物。

让身体变瘦的生活习惯

1. 必须吃早饭。
2. 甜甜的点心留到饭后吃。
3. 一日三餐，每天有规律地按时吃饭。
4. 吃饭时，先吃蔬菜多的菜。
5. 不边看电视边吃饭。
6. 换小碗吃饭，吃多少盛多少。
7. 最晚 10 点睡觉。
8. 增加户外活动时间。
9. 每天做运动。
10. 多喝水。

胖子常吃的食物 VS 瘦子常吃的食物

请把下面的胖子食物和瘦子食物区分开来。

烤鱼	比萨	五花肉	蔬菜沙拉	蛋糕	清炒蔬菜
炸酱面	裙带菜汤	白米饭	炸鸡	炖豆腐	可乐
杂粮饭	紫菜	粥	巧克力	蛋炒饭	

胖子常吃的食物

瘦子常吃的食物

第3章

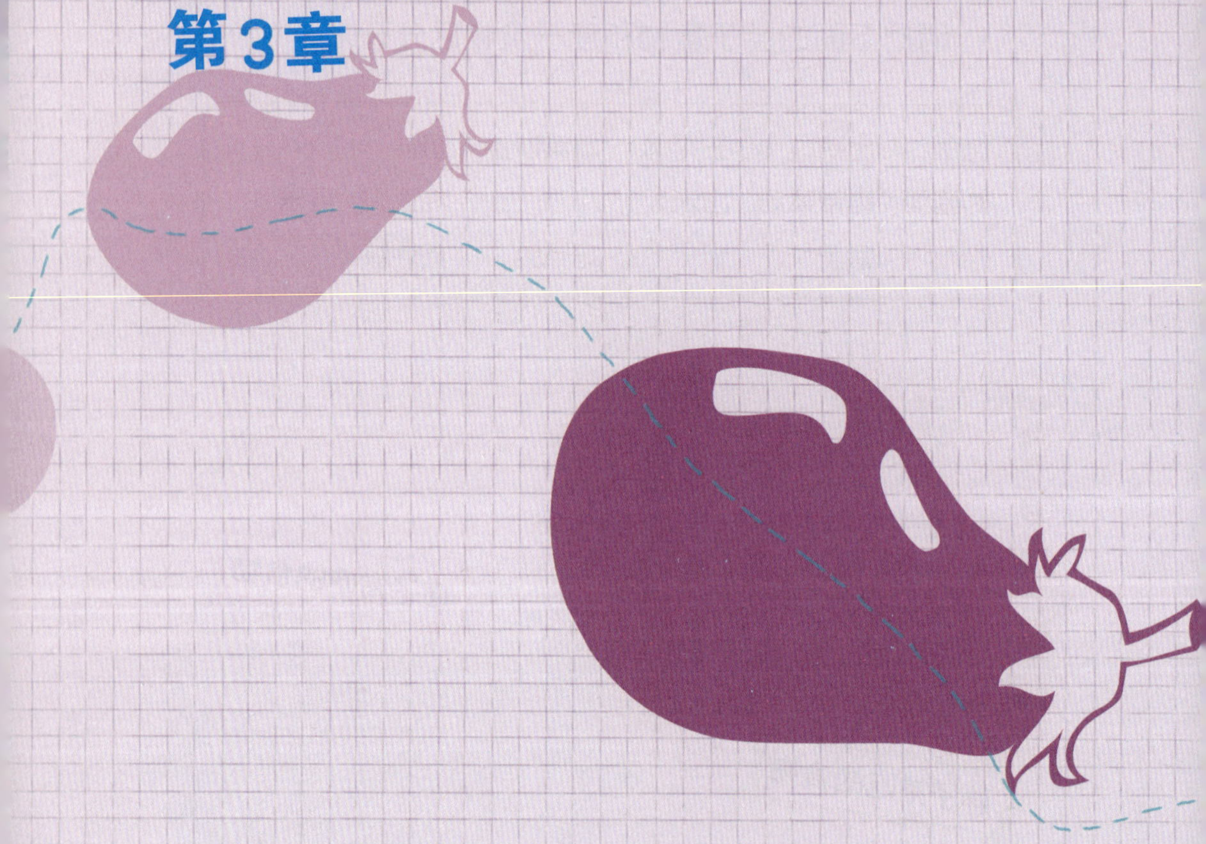

我也会变得健康起来

1 找出身边健康的同学！

“尹昌珉！保健老师叫你。”

“我？干吗？”

“不知道。”

其实，上次去医务室的时候老师就让我一周后再去，我却拖到现在也没去。因为担心老师会说我，也觉得有些麻烦。

“唉，叫我去干吗。”

我嘟囔着朝医务室慢慢走去。

咚咚咚——

“请进。”

“老师，您好。”

保健老师见我进来，微笑着说。刚才嘟囔了半天，这会儿看到老师这么和善，心里又有些惭愧。

"昌珉来了。最近挺好吧？"

我回答的声音细得连自己都听不清。

"是的……"

"老师想请昌珉帮个小忙，可以吗？"

嗯，还以为老师会责备我为什么不来找她呢，此时心情瞬间放松了。

"好的，我可以帮您。"

"谢谢啊！老师要整理些资料，想请你帮帮忙。"

听到这里，我悄悄地自言自语道："唉，谢天谢地。"

"我打算调查一下咱们学校三年级学生们的健康状况，就以你们班为对象。老师这里有一份目录，你负责观察大家一个星期，把他们的名字填到相应的空格里，好不好？我已经和你们班主任说过了，他会跟同学们说的。"

"好的，听明白了。包在我身上！"

健康博士对你说

现在，大家明白“健康的生活习惯可以打造健康的身心”这个道理了吧？

适合自己的运动和正确的饮食习惯才是健康生活最简单的秘诀。

为此，我们首先要做到均衡饮食，不偏食。因为食物的作用各不相同，缺了哪一样都无法健康成长。

例如，维持体温，制造能量的是碳水化合物和脂肪；生成血液和肌肉，使人长高的是鱼、肉、鸡蛋和豆腐等蛋白质；生成骨骼和牙齿，使人远离疾病的是蔬菜、牛奶、鱼、水果和海藻等钙、维生素和矿物质。缺了哪一样，大家都无法健康成长。

现在，我们就跟昌珉一起找一找，看看谁才是健康的孩子吧？

美味法则

健康同学的特征

健康的同学

1. 不经常感冒。
2. 几乎不因为生病迟到、缺课和早退。
3. 和大家友好相处。
4. 积极向上，受压力影响不大。
5. 不经常发脾气。

不健康的同学

1. 稍微活动一会儿就感觉累，经常生病。
2. 经常因为生病缺课、迟到和早退。
3. 不擅长与同学交往。
4. 消极懈怠，遇到小事也感到压力大。
5. 敏感，经常发脾气。

Tip

肥胖度的计算方法

实测体重 ÷ 身高对应的标准体重 ×100%（正常范围在 80%~119%）

找出我们班的健康同学

2 我也要成为健康的孩子！

通过整整一周的跟踪观察，我还真发现了同学们新的一面。亨宇认为自己块头大就健康，因此他只爱吃肉，偏食严重。仔细看来，块头虽大，其实身上全是肉。他之所以个子高，是因为爸爸妈妈都比较高的缘故。

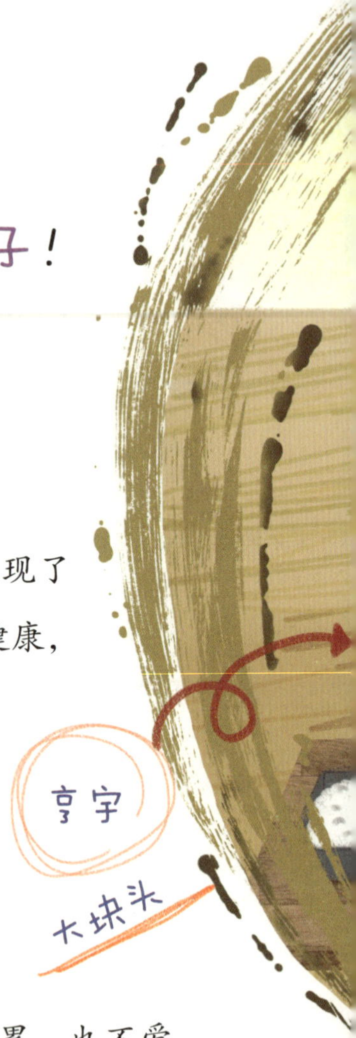

爱发脾气的民锡走到哪里身上都带着糖果。好像就没有他没吃过的糖。爱装蒜的世晶吃得特别少，所以动不动就说累，也不爱做运动。

看来看去，还是延友最出色。食堂的饭菜有什么吃什么，从不挑食。他不迟到，和大家友好相处，学习又好，运动起来比谁都有活力。我到现在也没见延友大喊大叫地发过脾气。难道这都是因为有良好的饮食习惯吗？

民锡
爱发脾气
世晶
爱装蒜
不做运动
延友
学习和体育都好
不爱发火

回到家，我突然间觉得心里烦闷。我是偏食大王，动不动就感觉累爱睡大觉，遇到运动则想方设法能躲就躲。自己的名字当然无处可填喽。唉，这可怎么办！

“嘿，是昌珉吧？”

我吓了一跳，停下脚步。原来是珠恩。珠恩是我幼儿园时要好的小伙伴儿。后来，她们家搬走了，就再也没见过。

“呀，珠恩！”

几年没见，她长高了一大截。我却只是横着长，忽然感到无地自容。

“你怎么到这儿来了？”

“嗯，我们来妈妈朋友家玩儿。你一个人干吗呢？”

“没什么，只是……”

“你挺好的吧？不过，你好像长胖了些？”

我脸红了。这时，有人在喊珠恩的名字。

“妈妈叫我了。昌珉，常联系啊。见到你很开心！”

我盯着长发飘飘，渐渐跑远的珠恩看了好一会儿。

“珠恩是不是觉得我太胖了？啊，不要——”

健康博士对你说

我们的头发每天长 0.3~0.5mm，一个月能长 1~1.5cm。大家的个子和身体每天也都在迅速生长。

构成我们身体的单位叫作“细胞”。个子长高，

身体变大，都是因为细胞数量增多了。

而且，食物承担着制造细胞的任务。

有了充足的营养供应，个子才会长高。可要是像昌珉那样一味地多吃肉，个子就长不高了，反而只会越来越胖。长个子需要蛋白质，也得多吃含钙和维生素的食物。

不仅如此，我们还得努力运动，保证睡眠。特别是要在分泌成长激素的晚上 10 点至凌晨 2 点之间睡好觉，才能帮助大家快快长高。

帮助我们快快长高的食物

牛奶

最易于补充成长必需的钙和蛋白质。

鲐鱼

含有丰富的欧米伽 3，有助于成长发育。DHA 的产生和活化可以促进大脑发育。

豆腐

含有多种人体所需的营养物质，被誉为地里长出的牛肉。尤其是，豆腐含有大量优质蛋白质，可以多吃。

海藻类

含钙量丰富，可以使毒素排出体外。

水果、蔬菜

帮助其他营养素的吸收，还富含增强免疫力的维生素。

鸡蛋

含丰富蛋白质和维生素。

树立目标，成为健康的孩子

目标

我的问题出在哪儿?

❶

❷

❸

一定要做到!

❶

❷

❸

❹

❺

3 饮食日记真的能改变自己吗?

我已经难过得不知所措了，知道自己的饮食习惯得改，却不知道怎么改。坐在桌前抓耳挠腮了老半天，妈妈担心地问：

“昌珉，你出来一下。”

我犹豫了一下来到客厅。

“昌珉，肚子还疼吗？”

“嗯。爷爷奶奶来的时候，我大便正常，肚子也不怎么疼。他们走后又开始疼了，大便挺费劲儿。”

“昌珉，你觉得为什么会肚子疼呢？”

“嗯，难道是因为爷爷的健康食谱？硬着头皮咽下那些不爱吃的食物，大便却变得更轻松了。”

“对，爷爷在咱家的时候，就算吃得不多，你也能把不喜欢的蔬菜吞下肚，所以大便起来才轻松。肉类和方便食品吃得少了，消化却比原来更好。”

Y.W.
TOY

和妈妈聊完，我又去找延友。说实话，上回他给的饮食日记本还没仔细看呢。得找他仔细问问应该怎么写。

“延友，你不是给我一本饮食日记吗？”

“嗯。你写过了吗？”

“没，其实，我还没开始写呢。我打算从今天写起，写了之后，生活会有哪些不同？”

延友听完之后扑哧一声笑了。

“你先写吧，反正我写了之后改掉了不少坏毛病。”

“真的？你是怎么写的？”

“写的过程中，你会发现自己究竟在无意间吃了多少不健康的东西，行动起来就有的放矢了。”

健康博士对你说

"我喝水都长胖。"

"吃的又不多，我怎么这么胖。"

经常会听到很多人这样说。其实，他们把正餐之外当零食吃的东西都忘记了。也许，大家都想不起自己一天之内吃了什么，吃了多少。

这时，最好把每次吃的东西都写进饮食日记里。饮食日记记录着每顿饭的食谱和每一次零食，方便我们了解一天内所吃的东西和食量。

而且，还能帮你看清错误的饮食习惯和缺少的营养素，这是养成正确饮食习惯的基础。

你们想不想写饮食日记呢?

美味法则

怎样写饮食日记

准确写下食谱及食量

光写食谱体现不出吃了多少。所以，哪怕吃一块点心也要准确地记下来。

填写吃饭开始和结束的时间

记录吃饭时间可以使你在固定时间内吃完饭，还能改掉吃饭速度过快的坏习惯。

记录地点和一起吃饭的人

记录地点和一起吃饭的人，养成在固定场所吃饭的习惯。吃饭时不做与之无关的事。

进行自我评价

写完当天饮食日记的同时，对自己做得好与不好的地方做出评价，不足之处要及时改正。

写饮食日记

		月	日	星期
类别	食谱及食量	时间	和谁一起在哪里吃	评价
早饭				
附餐				
午饭				
附餐				
晚饭				
附餐				

4 这些全是我吃掉的吗？

今天是写饮食日记的第三天。写完第一天吃的东西就把我吓着了，因为自己都觉得吃得太多了。而且，还净是些长胖的食物……我还以为，只要少吃米饭就不会长胖呢。

更让人惊讶的是，我竟然没想过要吃蔬菜和水果。妈妈明明给我端来了，我却动都没动，最后还以为自己已经吃过了。昨天的情况也差不多。

可乐
吃啊！
很好吃的！
咕噜
咕噜……

今天强忍住没吃炸鸡。往常，吃过早饭我就会跑到冰箱里拿饮料喝。并且，今天我喝了妈妈煮的玄米茶，比想象中的味道好。之前，我一直认为喝饮料就是喝水。

今天姐姐看见我喝水，觉得很奇怪似的，看了我好一会儿说：

“你怎么了？不吃炸猪排，还扔掉饮料，喝起水来？”

“没怎么，我啥事儿都没有。”

“最近，咱们昌珉好变得懂事了。你是姐姐，要表扬一下弟弟哟。”

妈妈高兴地说。她上一次在吃饭时间表扬我似乎是很久以前的事。

可能是因为突然减了饭量，我感觉身体有些没劲儿。

“好！饿！啊！”

眼前甚至浮现出汉堡的影子。不，是炸酱面、炸鸡、比萨、可乐、薯片……

“啊，我要忍住！”

健康博士对你说

事实上，长胖的原因很简单：吃下去的量多于运动所消耗掉的量。归根结底，通过做更多的运动消除体内堆积的脂肪，肥胖就会消失。

大家年龄还小，又正处在生长发育期，因此并不需要刻意减肥。只要你们饮食恰当，运动有规律，是不会出现肥胖的。只有那些已经变胖的孩子才需要为健康而适当减肥。

盲目减肥反而会影响成长，甚至会危害健康。下面，就给大家讲几种错误的减肥方法。

第一，只要饿着就能变瘦。

一味地饿肚子，也许确实能瘦下来。然而，体重是降下来了，支撑身体的肌肉却渐渐消失，这会让人失去健康。减肥不是一味地不吃饭，而是要合理调整食量。

第二，只吃一种食物就能变瘦。

减肥最重要的目的是为了更健康。如果只吃一种食物，忽略了营养素的均衡摄入，将破坏人体平衡。长此以往，不仅经常会生病，还会使生长发育停止。

第三，生活不规律。

如果生活没规律，减肥计划制订得再完美也毫无意义可言。每天早睡早起，按时定量地均衡饮食，选择适合自己的运动项目，这些好习惯就是健康减肥的秘诀所在。

第四，蔬菜可以敞开吃。

刚开始减少饭量时，肯定会有饥饿感。这时，最好能保证摄入多种颜色和口味的蔬菜。大家要记住：凉菜和热菜的调味汁热量很高，吃多了会起反作用。

健康减肥

1. 设定适合自己的目标体重，开始时设定的目标太不切实际容易使人中途放弃。
2. 保证一日三餐。
3. 不挑食，防止营养不均衡。
4. 尽量不吃零食和夜宵。
5. 多吃维生素、矿物质含量丰富的蔬菜和水果。
6. 经常喝水。
7. 每天运动 30 分钟以上。
8. 睡前 3 小时内尽量不吃东西。

Tip

热量小知识

无意中喝掉的 1 杯饮料的热量与步行 41 分钟、
骑自行车 35 分钟、
踢足球 26 分钟、
登山 17 分钟
所消耗的热量相等。

第4章

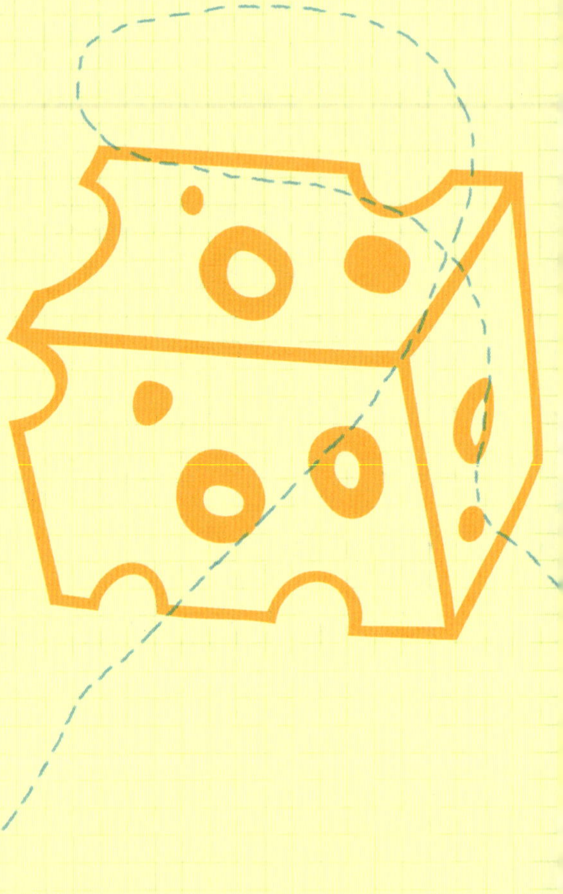

正确饮食才能健康

1. 吃饭应该细嚼慢咽！

“智媛，昌珉！起床了！”

“哎呀，今天是星期天，干吗这么早？”

姐姐抱怨道。

“我知道今天是星期天，赶紧起床吧。”

妈妈进来之前我就起床打开了窗户。

“哦，昌珉起来了？”

妈妈看着我笑了笑，转身去了厨房。

“开饭了。”

餐桌被杂粮饭、裙带菜汤、炒猪肉、凉拌豆芽和白菜泡菜挤得满满当当。

“嗯？妈妈，星期天还做什么早饭呀？”

我接过姐姐的话，稍稍显摆了一下。

“吃早饭能让人头脑聪明。妈妈，我要吃了。”

“真棒，尹昌珉。说得挺在理嘛！”

真　甜！
好香！
细嚼
慢咽
细嚼
慢咽

爸爸在旁边说道：

“是啊，不吃早饭会使我们身体活动的能量不足，大脑就会不活跃，无论做什么事效率都不高。尤其是你们这些小孩子，必须吃早饭。”

我把米饭倒进汤里，呼噜呼噜喝了进去。因为不太喜欢今天的汤，所以我打算赶紧喝完了再吃点肉。

“昌珉，饭粒儿细细嚼过了吗？”

妈妈担心地问。

“泡进汤里，喝了就行，根本不用嚼。”

“昌珉，你知道什么和吃饭不挑食一样重要？”

“吃饭不过量。”

“虽然也对，但是还有细嚼慢咽呢。要是不仔细咀嚼，食物就会消化不好，营养素就不能被我们的身体吸收了。还有啊，仔细嚼一嚼，还能尝到饭粒儿的香味和甜味哦。”

听了妈妈的话，我吃了一勺米饭，细细嚼了嚼。

“哦，米饭真的有甜味儿！”

虽说嚼着挺费事，可是感觉饭更香了。嗯，肉也慢慢嚼嚼看？

健康博士对你说

一个劲儿地多吃好东西就能变得健康吗？答案是“错”。正确饮食最重要，但基础在于咀嚼。

在学校食堂吃饭时，有的同学塞了满满一嘴，胡乱嚼几下就吞下去；有的同学样样菜都吃，细细嚼了才咽下。哪些同学的做法更可取呢？

没错，是细嚼慢咽的同学。跟他们学习细嚼慢咽不仅能真正品尝出食物的味道，而且嘴里分泌的唾液还有助于碳水化合物的吸收呢！充分咀嚼后的食物更易于消化吸收。

Tip

嚼多少次最好

嫩豆腐和煎鸡蛋　10 次

米饭和面包　20 次

纤维含量多的蔬菜和水果　30 次

美味法则

仔细咀嚼的好处

1 易于消化

将食物嚼碎的过程中，食物和唾液充分混合，有利于消化。

2 味觉发达

食物在嘴里停留的时间长了，舌头感受味道的时间延长，能使味觉发达。

3 预防过食和肥胖

吃饭速度快使人感觉不到饱腹感，容易导致过食，过食又会给人带来肥胖。因此，我们需要慢慢咀嚼。

4 改善记忆力

咀嚼食物时的肌肉运动能够刺激大脑，改善人的记忆力。

绘制用餐时间图表

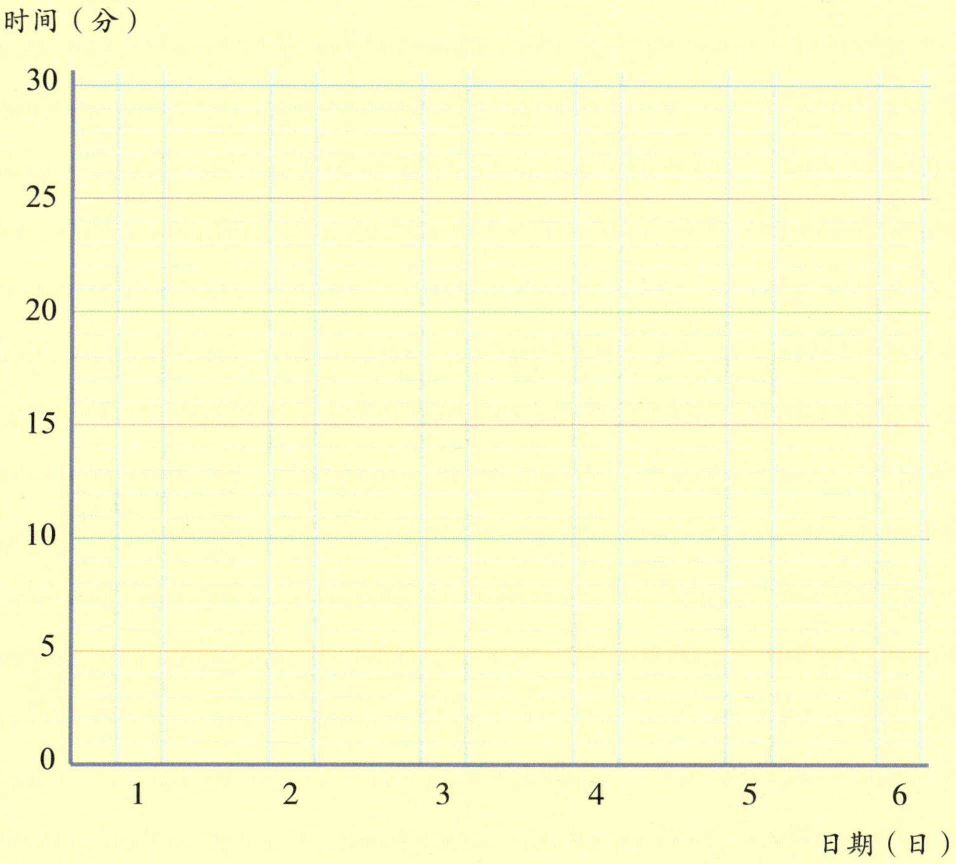

Tip

细嚼慢咽

1. 和家人边说边吃。
2. 边嚼边在心中默默从 1 数到 20。
3. 记录吃饭时间，逐渐增加就餐用时。

2. 养成有规律的生活习惯！

说实话，今天我虽坐在餐桌前吃饭，但是却吃得不舒服。幸好有道炒猪肉是我喜欢的菜。至于其他的菜，我实在不喜欢。我从凉拌菠菜里挑了根儿最细的放在米饭上，盯着它发起呆来。

"我是吃呢，还是不吃？"

"昌珉。"

妈妈的喊声吓了我一跳。

"好。我吃，我吃。"

还以为妈妈要教训我，谁知她轻声说道：

"昌珉，不好的饮食习惯一下子全改掉会很难的。爷爷上次来的时候你尝试过，还可以吧？慢慢改就是了，怎么可能马上就能什么菜都爱吃呢。饮食习惯可以慢慢改过来，不过，咱们先让生活习惯变得有规律

起来，好不好？”

“改变生活习惯？怎么改呢？”

我吃惊地问。

“这个嘛，你和姐姐最好先制订出计划。按照自己能接受的计划慢慢改变，这样比妈妈催促你们该干什么要有效得多，妈妈也会比原来更轻松些。”

爸爸听完之后也高兴地说：

“这下咱家可要大变样了。好，以后，爸爸晚上也不买夜宵回来了。周一到周五抽两天早回家陪你们做运动，周末早上我们全家去后山爬山。”

“真的吗，老公？你和我想到一块儿去了。”

一听说做运动，姐姐有些皱眉头，我却开心得很。太想和爸爸一起锻炼身体了……

“今天正好星期天，吃完早饭去散步吧？”

“好啊！”

健康博士对你说

健康生活离不开有规律的生活习惯。其中，坚持运动是必须养成的生活习惯之一。运动不仅能预防长胖，还能提高免疫力，使人不常生病。

运动时，可以通过流汗把不好的代谢废物排出体外，促进血液循环；还可以消除精神压力，有助于精神健康。适度运动能刺激生长板，使人长高，还能使生长激素分泌增多。

有助生长的运动有跳绳、跑步、步行和伸展操等，最好每天坚持做 30 分钟。运动使人外在更美好，内心更健康，可以更加幸福地享受生活。

Tip

什么是代谢废物

人体为维持生命而制造能量的过程中所产生的残渣。

美味法则

制订适合自己的运动计划

1 不制订过于华而不实的计划

一开始就制订长达 2 小时的运动计划将很难执行。最好从 10 分钟做起，然后慢慢增加时间。

2 写运动日记

制订计划后，写一写与之对应的运动日记。以周或者月为单位的运动日记，可以使人一目了然地看出自己做过哪些运动。

3 不期待短时间内起效

只运动几天不会产生立竿见影的效果，只有长期坚持才能锻炼出健康结实的体魄。

4 从适合自己的，并且是合理的运动做起

别人做的运动看起来很有效，但却未必适合自己。重要的是，选择适合自己的运动项目并长期坚持下去。

一周健康运动日记

日期	运动	时间	评价
备注			

3. 一点点减量，少吃比不吃更好！

几天前就和延友约好了今天去他家玩。延友说，上完跆拳道课就来叫我。

“昌珉，吃不吃午饭？”

坐在房间里发呆时，听到妈妈正在叫我。

“不吃了。”

不用看我就知道吃什么。要是吃方便面该多好啊！想到这儿，我更郁闷了。几天前开始和妈妈一起改变生活习惯，但事情比想象中的困难又无聊。想吃的东西也吃不到……

爸爸提早回来陪我踢足球、打羽毛球是挺开心的，可越是这样运动就越想吃炸鸡。往常，回家的路上爸爸会给我买炸鸡和汉堡，现在根本提

都不敢提。

“啊，我想吃炸鸡。”

这是几点了啊，延友在外面喊我。我肚子饿得一点儿力气都没有。

“请进，延友。”

“昌珉，咱们走吧。”

“我想待在家里。”

“哦？我妈妈知道你要来，做了很多好吃的呢。走吧！”

听说有好吃的，我毫不犹豫，一跃而起。

“真的？”

延友家弥漫着饭菜的香味，餐桌上摆着汉堡和炸猪排。

“哇，阿姨，我可以把这些都吃了吗？”

延友妈妈微笑着说：

“当然，阿姨就是给你俩做的，多吃点儿啊！”

“好，谢谢您。”

我把盘子里的东西吃得一干二净。味道虽跟原来一样，但因为好久没吃过了，觉得格外香。是不是吃得太多了？我的肚子疼了起来。

健康博士对你说

看来，昌珉为了忍住不吃想吃的东西没少受罪。大家有没有过类似的经历？是不是越强忍住不吃，脑子里却越全是那种想吃的东西，再次吃到时就会发展为暴饮暴食呢？

强忍住不吃，这样反而会使人更加想吃，一旦吃到就会过量。胃一次能消化的量是固定的。所以，吃到再也吃不下，胃部撑满时，胃壁受到极大拉伸，无法正常进行消化，最终会导致消化不良。

经常吃过量会把胃撑大，于是吃的适量时却再也无法获得饱腹感了，因此人会吃得更多，肥胖也就不请自来了。

即便是自己爱吃的东西，如果对健康不利，也要减少吃的次数和数量。如果以前每周吃三次，就改为两次，量上也减半。下一周改为一次，量上再减半。试试看，少吃比不吃更好。

防止过食的简单秘诀

1 把餐具换小一号

先把正在用的餐具换成小一号的餐具。

2 炸鸡、比萨等和沙拉一起吃

和蔬菜一起吃不仅可以少吃些炸鸡和比萨，还可以摄入人体需要的维生素。

3 细嚼慢咽

细嚼慢咽，吃饭时间最少要在 20 分钟以上。

4 吃饭的时间只吃饭

如果吃饭的同时看电视、看书，或者做其他与吃饭无关的事情，会无意中吃多。

我为什么暴饮暴食

对照以下选项，看一看自己为什么会吃多。

- ☐ 有爱吃的菜。
- ☐ 餐具大。
- ☐ 有精神压力。
- ☐ 习惯多吃。
- ☐ 在外面吃饭。
- ☐ 边玩（看电视）边吃。
- ☐ 有顿饭没吃。
- ☐ 饭后吃了很多零食。
- ☐ 不仔细咀嚼饭菜。
- ☐ 不吃蔬菜做的菜。

4. 深夜不吃东西！

“昌珉，延友家的汉堡和炸猪排好吃吗？”

“哦？您是怎么知道的？”

“妈妈都能打听到。味道如何？”

“嗯，妈妈做的更好吃，不过延友家的也不错。”

“是吗？你喜欢就好。其实，那些东西是妈妈做的。”

“什么？是您做的？”

“是啊。豆腐汉堡和地瓜炸猪排你都爱吃，对吧？”

“豆腐汉堡和地瓜炸猪排？”

“延友妈妈说你的确吃了不少。一下子吃那么多，肚子会不舒服的。”

“对。实在太好吃了，我忍不住吃撑了。味道真的很棒啊！”

这话碰巧被刚进家门的姐姐听到。

“妈妈，什么呀？什么东西好吃？”

KOKO
KOKO 炸鸡

“姐姐，豆腐汉堡和地瓜炸猪排真的特别好吃。”

“你说什么？豆腐汉堡，地瓜炸猪排？”

“这是智媛那份儿。饿了吧？过来尝尝看。”

姐姐拿起餐叉，往嘴里送了块烤得金黄的炸猪排。尝过一口之后，姐姐便情不自禁地赞叹起来。

“嗯，妈妈，比想象的好吃啊！”

姐姐也很快吃掉了一盘。妈妈看着我们姐弟俩，露出了欣慰的笑容。

晚上，姨妈买了炸鸡来到我家。哇，好香的味道啊！是我爱吃的调味炸鸡。可是我下过决心，晚上绝不吃东西。

“哎呀，昌珉变得懂事了！”

健康博士对你说

夜宵，顾名思义就是吃过晚饭之后再吃的东西。人跟随太阳的东升西落而作息。所以，我们白天活动，到了晚上就要休息。

有人开玩笑说，对人类最不好的发明就是照亮黑夜的“电灯”。由此可见，到了深夜还不休息的做法对健康危害其实非常大。

晚上本该好好休息却又吃东西，大脑和胃不仅无法休息，而且还得继续工作，身体就会感到疲劳。特别是，人们夜宵常吃的比萨和炸鸡等食物属于高热量、高脂肪食物，多以脂肪的形态在人体里堆积。过去被认为是成人病的肥胖、高血压、高血脂等疾病出现低龄化趋势，常吃这类食物就是成因之一。

美味法则

少吃夜宵的方法

1 如果一定要吃，购买小包装

小包装食物也能让自己产生吃掉了一整份食物的满足感，还有助于减少夜宵的摄入量。

2 根据就寝时间调整晚饭时间

食物在胃里消化需要 3 小时，将晚饭时间调整到适合就寝时间的范围，能让人减少想吃夜宵的念头。

3 坐在固定的位置吃饭

吃东西时来回走动，或者边看电视边吃，很难弄清自己吃了什么，吃了多少。

4 制订计划，充实自己

无所事事更容易让人想吃东西，可以锻炼身体，读书或者做其他自己喜欢的事情，把时间充实起来。

每种食物的热量所对应的运动所消耗的热量

1 块比萨

打篮球 1 小时

1 块巧克力

步行 1 小时 15 分钟

1 份炸酱面

踢足球 2 小时 6 分钟

1 碗方便面

打羽毛球 1 小时 50 分钟

1 个冰激凌

上下台阶 45 分钟

1 罐汽水

快走 34 分钟

1 根紫菜包饭

游泳 48 分钟

1 个汉堡

跳绳 1 小时

1 份炒年糕

骑自行车 1 小时 15 分钟

5. 吃东西前先洗手！

开始做运动后我就在慢慢延长时间，现在每天做一个小时的运动已经不在话下。对于“努力就能做到”这句话也有了真切的体会。尽管还没完全达到喜欢吃饭的程度，但偏食的毛病改了许多，妈妈也非常高兴。

最让我开心的是每天早晨去卫生间的时候，排便通畅的感觉好极了。

“妈妈，我回来了。”

一到家我就跑去打开了冰箱门。妈妈在旁边看着我说：

“昌珉，你忘记什么了吗？”

“啊，对了。我这就去洗手。”

现在，我能自己把手洗得干干净净。见我变得爱干净了，姐姐说道：

“昌珉变化真大啊！回来还知道把手洗干净。”

脏死了！
牙膏

“我本来就很讲卫生，姐姐也要注意卫生哦。”

“什么？我怎么不注意卫生了？”

“姐姐不经常刷牙！”

“我每天早晚各刷一次，难道不对吗？”

“你不知道吃过饭也得刷牙吗？”

妈妈边笑边看姐姐和我斗嘴。在她看来，我们姐弟俩短短一个月之内的改变可真大。

“孩子们，别吵了。都洗完手了吧？”

哼，人家还没解气呢。于是，我倒上杯牛奶，气鼓鼓地回房间去了。

健康博士对你说

从外面回到家，第一件事就是要洗手。有的同学认为洗手相当麻烦，因为看起来双手并不脏嘛。手上又没沾什么脏东西，妈妈为什么总是唠叨着让大家去洗手呢？

其实，人身上细菌最多的地方就是手。手洗干净了不仅能预防感冒，还能预防眼病等易得的疾病。所以，外出回到家，饭前便后一定要用肥皂把手洗干净。

还有，饭后和吃过甜食后有件事不能忘记，那就是刷牙。因为嘴里留有食物残渣时最容易滋生细菌，刷牙是大家守卫牙齿健康最简单的预防途径。

美味法则

亮晶晶刷牙法

门牙外侧上下刷

左右两侧磨牙的
外侧也是上下刷

牙刷伸到嘴里，
刷上下门牙的内侧

再刷左右两侧上下
磨牙的内侧和上面

用牙刷清洁舌面

咕噜咕噜漱漱口
（重复 3 次左右）

六步正确洗手法

1 用手掌搓出泡沫

2 搓洗手掌和手背

3 十指交叉揉搓

4 握拳搓洗大拇指

5 指尖并拢，搓洗指甲

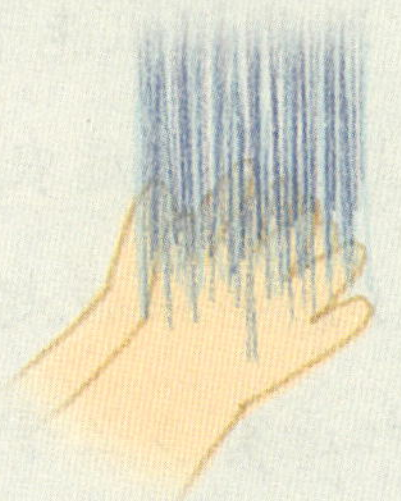

6 用流动的水将手冲干净

后记

星期天早晨，我一睁眼就跳起来打开了窗户。哇，空气好清新。早上呼吸到新鲜空气真能让人心情舒畅。

今天，爸爸、姐姐、我还有妈妈要一起上山。因为我们决定从这周起开始打理家庭农场了。原来不愿意动弹的我，现在简直爱上了运动。

姐姐好像已经起床准备妥当了。

“姐姐，起得真早！”

“嗯，你也不晚嘛。”

“姐姐，咱们今天去种生菜，对吧？种子呢？”

“我早就放在门口了。”

“还是姐姐能干啊。”

上次去家庭农场参加过“农活一日体验”，可把我累坏了。种菜说起来是轻松，轮到自己翻土种植的时候才知道有多么辛苦，我为自己原来的言行感到羞愧。

“孩子们，吃早饭了。”

“好！”

姐姐和我很快跑到餐厅。爸爸已经身穿登山服坐在那里等着了。

“今天可要吃得饱饱的，知道吗？盘中餐，粒粒皆辛苦，要常怀感恩之心啊。”

“是！我已经不是原来的昌珉了。现在的我是充满朝气、懂礼貌的昌珉。”

“哈哈哈！我儿子当然是最棒的啦。”

我最近的心情特别好，因为家庭更幸福了，最满意的还是自己健康的身心。所以，这种感觉真的超级棒！

美味法则

遵守用餐礼节

1. 与长辈一同用餐时，要等长辈先动筷子。
2. 勺子和筷子不能架在碗盘上，也不能一只手同时握住它们使用。
3. 喝汤时要用勺子喝，并且不能发出声音。
4. 自己爱吃的菜也要给别人留下一些，不挑食。
5. 不翻、拨饭菜，从盘子一边慢慢吃起。嘴里有食物时尽量不要说话。
6. 用餐时不看电视，不读书。可以边聊边吃，配合他人用餐速度，制造轻松愉快的气氛。
7. 想打喷嚏或者咳嗽时，要用手捂着嘴巴，转过头去。
8. 用餐完毕，将匙筷整齐摆放在右侧。

帮忙端饭菜

1. 先把双手清洗干净。
2. 用抹布把桌子擦干净。
3. 从长辈的座位开始，按长幼顺序摆放匙筷、水杯和个人餐具。如果每个人都有自己固定的餐具，就要格外注意。
4. 酱油和泡菜放中间，周围摆放其他菜肴。
5. 汤菜放在餐桌中间，并准备汤勺，方便大家往个人餐具里盛汤。
6. 饭菜上桌后，请长辈先用餐。
7. 饭后表示感谢，并帮忙收拾。

版权登记号：01-2014-4308
图书在版编目（CIP）数据

我的饮食习惯没问题！/（韩）金恩贞著；（韩）金恩敬绘；秦晓静译．—北京：现代出版社，2016.1
（小学生好习惯系列）
ISBN 978-7-5143-3779-2

Ⅰ．①我…　Ⅱ．①金…②金…③秦…　Ⅲ．①小学生—饮食—习惯性—能力培养　Ⅳ．① G625.5

中国版本图书馆 CIP 数据核字（2015）第 158369 号

小学生好习惯系列
我的饮食习惯没问题！

作　　者	[韩] 金恩贞 / 著　[韩] 金恩敬 / 绘
译　　者	秦晓静
责任编辑	王　倩
出版发行	现代出版社
通讯地址	北京市安定门外安华里 504 号
邮政编码	100011
电　　话	010-64267325　64245264（传真）
网　　址	www.1980xd.com
电子邮箱	xiandai@vip.sina.com
印　　刷	北京瑞禾彩色印刷有限公司
开　　本	710mm × 1000mm　1/16
印　　张	9
版　　次	2016 年 1 月第 1 版　2020 年 9 月第 4 次印刷
书　　号	ISBN 978-7-5143-3779-2
定　　价	25.00 元